SOULOA®

ÁNGELA SÁNCHEZ

SOULOA®

La magia está en ti

———————

¡Di hola a tu alma!

Una guía para ser más feliz

EDICIONES OBELISCO

Si este libro le ha interesado y desea que le mantengamos informado
de nuestras publicaciones, escríbanos indicándonos qué temas son de su interés
(Astrología, Autoayuda, Ciencias Ocultas, Artes Marciales, Naturismo,
Espiritualidad, Tradición…) y gustosamente le complaceremos.

Puede consultar nuestro catálogo en www.edicionesobelisco.com

Colección Nueva conciencia
SOULOA
Ángela Sánchez

1.ª edición: octubre de 2017

Maquetación: *Marga Benavides*
Corrección: *M.ª Jesús Rodríguez*
Diseño de cubierta: *Isabel Estrada sobre una fotografía de Shutterstock*

© 2017, Ángela Sánchez
(Reservados todos los derechos)
© 2017, Ediciones Obelisco, S. L.
(Reservados los derechos para la presente edición)

Edita: Ediciones Obelisco, S. L.
Collita, 23-25 Pol. Ind. Molí de la Bastida
08191 Rubí - Barcelona - España
Tel. 93 309 85 25 - Fax 93 309 85 23
E-mail: info@edicionesobelisco.com

ISBN: 978-84-9111-269-3
Depósito Legal: B-20.747-2017

Printed in Spain

Impreso en España en los talleres gráficos de Romanyà/Valls S. A.
Verdaguer, 1 - 08786 Capellades (Barcelona)

Quiero dar las GRACIAS a todas las personas que hasta el día de hoy se han cruzado en mi vida. Gracias a ellas soy quien soy y he podido disfrutar de mi camino. También quiero manifestar mi gratitud a cada uno de los amigos que, de forma desinteresada, han querido participar en esta guía con sus frases, compartiendo esa herramienta que les ayudó en algún momento. Un acto generoso por el cual les estaré eternamente agradecida. A algunos los reconoceréis por su fama, otros no han tenido visibilidad pública, pero sus corazones también me han acompañado en algún momento de mi vida. Mis últimos agradecimientos son para mi hermano Pedro, desde siempre fuente de inspiración y confrontación. A Marta Vilageliu, que me ha empujado con su entusiasmo y conexión emocional en el proyecto Souloa, a Cristina Cubero, por su energía y cariño. A Pilar Calvo, por su eterno interés en el crecimiento personal, ayuda y apoyo incondicional. Y, por último, un gracias a mi mamá porque con nuestras muchas, muchísimas diferencias, soy la que soy gracias a ella.

ÁNGELA SÁNCHEZ

PRÓLOGO

Si tuviera que definir con una sola palabra a Ángela, diría que es una persona «agradecida». También llena de gracia, sí. Pero, sobre todo, «llena de gracias». Y este libro es la más fiel expresión de sí misma. Porque está hecho con las aportaciones de muchos, para reflejar, desde esa pluralidad, el espíritu «vasija» de la autora.

Con Ángela comparto muchas cosas. Una de ellas, el amor por la Cábala, el estudio de la mística judía que nos permite llegar a nosotros mismos a través de la obra del Creador y comprender el Universo a partir del autoconocimiento. La Cábala nos enseña a convertirnos en vasija, a recibir para poder dar y a dar para poder recibir. Vuestras manos, por tanto, sostienen ahora la vasija-libro del alma de Ángela, repleta de frases depositadas por el corazón de tantos amigos y que esperan, ahora, a ser recogidas por el corazón de muchos lectores. Frases que se irán repitiendo. Que irán viajando de vasija a vasija.

Que resonarán en vuestros corazones, que os vendrán a la mente cuando estéis a punto de dormir o que os saludarán al despertar el día.

Hay frases que provienen de la sabiduría popular, anónimamente maravillosas. Desde la humildad del refranero hasta lo más elevado de los proverbios ancestrales. Otras corresponden a citas de personajes célebres que en algún momento hicieron historia. Y también hay «de cosecha propia». Es decir, del amigo al que Ángela ha dado un espacio para compartir su personal filosofía de la vida. Tienen en común que todas son frases que pretenden levantar el ánimo ante un momento vital duro, de incertidumbre, de tristeza, de lucha.

Asimismo, están los consejos de Ángela. En ellos nos regala de manera sucinta y ordenada, como buena Virgo que es (diría ella), un resumen de lo aprendido por esta buscadora insaciable y gran entusiasta del crecimiento personal. De verdad que vale la pena poner la atención en este libro. Y releer hasta integrar. Hasta hacer de esos consejos parte de nosotros mismos.

Así que, si algún libro debe ir antecedido por un prólogo es éste. Y no por quien lo escribe –gracias por el honor amiga-hermana–, sino por la esencia de la función del prólogo. La palabra «prólogo» viene del griego y se compone de las palabras «pro», "a favor", y «logos», "palabra". Quiero, desde aquí, hablar en favor de las palabras que vienen a continuación. De la primera a la última.

Incluyendo signos de puntuación, espacios separadores y los momentos de silencio con que acompañéis la lectura.

Leed con tranquilidad. Con amor. Con alegría.

Pilar Calvo

Hace mucho que de forma inconsciente siento curiosidad por los grandes misterios de la vida desde muy diferentes filosofías. He leído y he estudiado: Kabbalah, Enseñanzas Herméticas Kybalión, Física Quántica, Ho'oponopono, Zen, etc. Además de practicar PranicHealing (sistemas de sanación energética) y ThetaHealing, cada día tengo más certeza de que formamos parte de un plan regido por leyes universales con las que tenemos que interactuar. Como tantas personas, creo que la calidad de nuestros pensamientos nos genera abundancia de energía y salud. Así que, desde hace muchos años, con el objetivo de comprender y ver cómo funcionaban estas leyes, me he dedicado a observar a las muchas personas que he conocido por mi trabajo como relaciones públicas: periodistas, actores, cantantes, pilotos, escritores, futbolistas, mánager, empresarios…

¡Todas personas privilegiadas, que han superado dificultades, retos y que han tenido éxito!

Todas personas creativas, preparadas para resolver los problemas y con una gran capacidad de ver el cuadro general en una área concreta de sus vidas. Todas con un denominador común: aman lo que hacen, se emocionan y no se preocupan por el tiempo que emplean… ¡Se divierten!

Aquí un primer «tip» que leí entre tantos libros. Una fórmula-ecuación que os puede ser útil: «Cuanto más nos preocupamos, menos nos divertimos». «A menos miedo, ¡más éxito!».

Si reducimos o logramos eliminar las preocupaciones y el miedo de nuestras vidas, empezaremos a percibir nuevas ocasiones, nuevos modos de actuar. Nos divertiremos más y podremos ayudar a los demás. ¡Viviremos la vida que soñamos!

El objetivo de esta guía es aprender a eliminar el ansia y el miedo, delegar a nuestro ser superior o inteligencia la comunicación y la inspiración para llegar a realizar nuestros Deseos y Sueños porque, hasta que no lo logremos, será imposible tener lo que deseamos. Recuerda: ¡¡¡eres responsable de tu nueva actitud y cambiarla es tu decisión!!! ¿Preparado?

1

¡PIENSA EN GRANDE!

Por muy largo que sea el camino, todo empieza con un primer paso, que es absolutamente necesario dar. Piensa en grande, no te preocupes cómo llegar. Comparto algo que leí hace tiempo, un ejemplo que tengo siempre presente cuando siento dudas de si debo iniciar un camino porque el objetivo está muy lejos: «Un viaje en coche de 1.000 km de noche no necesita la luz para iluminar toda esa distancia. Bastan esos 30 metros de luz de manera continua para llegar». Pero, eso sí, ¡emociónate con el viaje! Concéntrate todo cuanto puedas en el presente, aquí y ahora. ¡Vívelo, disfrútalo como si ya estuvieras en él!

Como dice Walt Disney:

«Si puedes soñarlo, puedes crearlo».

2

¡DAR, DAR, DAR!

Dar es una fuerza que ayuda no sólo a quien recibe sino todavía más a la persona que da. Es una ley natural del Universo. Dar y recibir son las dos caras de la misma moneda. Todo lo que damos vuelve.

3

LIBERTAD

Hacer las cosas con pasión y con desapego permite experimentar la diversión y la pasión más allá del resultado...

Felicidad es también sentirse libre controlando el propio tiempo.

4

SONRÍE

Cuanto más reímos y sonreímos de mejor humor estamos, al tiempo que aumenta nuestra capacidad creativa. ¡Creamos la energía Alegría! Recuerdo haber hecho un curso llamado «Smile Manager» en el que nos enseñaron a utilizar la sonrisa ante cualquier situación para encontrarnos mejor y hacer sentir mejor a las personas que nos rodean. La sonrisa nos da más energía, vitalidad y salud. La recompensa es inmediata. Sonríe y tu entorno cambiará…

5

LA VIDA ES AHORA

La energía del presente es todo lo que necesitamos, concentración en lo que queremos y podemos hacer hoy. Con esta reflexión me viene a la cabeza una frase que me persigue desde que estaba en el colegio y que me ha ayudado durante toda mi vida en la toma de decisiones importantes: «No dejes para mañana lo que puedas hacer hoy!». Si realmente lo deseas, ¡prueba y hazlo!

6

RODÉATE DE PERSONAS QUE ADMIRES
Y QUE SEAN POSITIVAS

Las personas felices y de éxito nos ayudan en la proyección. Y normalmente estas personas están dispuestas a ayudar a los otros. Si pedimos ayuda llegará, no te preguntes cómo, no es necesario, se ocupará el Universo.

7

PASIÓN

Abordar la vida con pasión y entusiasmo nos generará esa otra energía necesaria: el coraje y la valentía que hace que todo sea posible. Ama lo que haces, ama a tu entorno.

8

ELIMINA EL MIEDO

El miedo es una fuerza destructiva muy potente: crea bloqueo, división y ansiedad, y, evidentemente, nos impide realizar nuestros sueños. Tras el miedo se esconden las excusas. A veces agazapado bajo frases como «hay que actuar con prudencia», «ya lo intenté», «tampoco lo consiguieron otros»... Cuando sientas este temor es fundamental reconocerlo y silenciarlo, delicadamente pero con firmeza.

9

NO JUZGUES

Mantener la mente abierta a nuevas ideas nos ayuda a no encerrarnos en viejas costumbres. Cuando nos abrimos a nuevas experiencias, emociones y oportunidades no hemos de temer la desaprobación. Todos hemos crecido con una formación subjetiva, ya sea familiar, académica o religiosa. Imagínate por un momento que has nacido en una tribu de la Amazonia o en Papúa Nueva Guinea. ¿Verías la realidad del mismo modo? ¡Seguramente no! Si nos instalamos un software de libertad de pensamiento y de respeto, podremos ponernos en la situación del otro y aumentará nuestra capacidad de entendernos y comprendernos los unos a los otros. Como dice Karen Berg, directora de la Universidad de Kabbalah de Nueva York:

«TODOS SOMOS UNO».

10

GRATITUD

Parece un acto obvio y, sin embargo, nos olvidamos a menudo. Si nuestras expresiones de gratitud son sinceras, las demás personas lo apreciarán y recordarán. La vida se vuelve mucho más fácil si recordamos dar las GRACIAS a todas las personas que nos ayudan en cada momento. Tenemos que interactuar con las frecuencias del Universo, conectarnos como si fuéramos un receptor «wifi» con esa fuente de energía, gratitud y sabiduría infinita.

11

ACTITUD Y MENTALIDAD DE ABUNDANCIA

Podemos desarrollar una actitud de abundancia en ausencia de preocupación pensando en lo que queramos atraer en ABUNDANCIA. Ya sea energía, vitalidad, salud, dinero, así como cualquier otra cosa que deseemos. Nuestras «antenas» estarán atentas para descubrir nuevas y excitantes ocasiones si permanecemos abiertos a recibirlas sin límites.

12

INSPIRACIÓN

En lo profundo de nuestra psique tenemos un tesoro: la Sabiduría. Para acceder a nuestra fuerza interior necesitamos humildad, silencio y paciencia. El simple acto de aceptar que no tenemos una respuesta desencadena una acción de ayuda de nuestra guía interior que nos proporcionará la inspiración y que hará aumentar nuestra intuición.

13

INTUICIÓN

Conexión con nuestra conciencia. Simplemente el poder de la intención, silenciar y confiar en lo que nos dice nuestro guía interior, nuestro tercer ojo, nuestra sabiduría interior. Ponte en «ON», haz el gesto y hazlo ¡¡¡ahora!!!

14

REFLEXIÓN

La reflexión es un modo para individualizar soluciones y/o estrategias con el mínimo esfuerzo y sin desperdiciar energía. Ponernos en modo «observador», en calma y serenidad, nos permitirá ver claramente, desde fuera, nuestra propia escenografía y, si mantenemos en silencio nuestra mente, la respuesta emergerá. Tenemos que resolver los problemas a nivel de conciencia, si no volverán a repetirse. Son como los virus del PC.

15

FLEXIBILIDAD O SABER REÍRSE DE UNO MISMO

La decisión de tomar a la ligera los propios errores nos permite no dar más energía precisamente a ese error. No lo tomes como un acto de desinterés, sino como una actitud de usar el buen humor ante la adversidad. Cada error puede ser fuente de desarrollo y crecimiento y cada problema tiene, como mínimo, una solución. Hay una frase que me encanta y que puede ayudar a entender esto: «Señor, dame la fuerza de cambiar las cosas que puedo cambiar, la serenidad de aceptar lo que no puedo cambiar y la sabiduría para distinguir entre ambas».

16

PIDE AYUDA

Una simple intuición hacia la buena voluntad y fe de los demás acelera en modo mágico el camino hacia nuestros sueños. Encontraremos las personas justas con las experiencias y consejos que necesitamos. Ten confianza en los demás y pide también ayuda a tu guía interna: la INSPIRACIÓN DIVINA. La Biblia nos lo recuerda: «Pedid y se os dará; buscad y hallaréis; llamad y se os abrirá» (Mateo 7:7).

17

ELIMINA LOS COMANDOS AUTODESTRUCTIVOS

¿Qué ventaja tiene continuar repitiendo cosas negativas? ¡¡NINGUNA!! La buena noticia es que podemos cambiar el comando simplemente rechazando este tipo de pensamiento. Cuando una idea negativa familiar vuelve a la mente, reconócela, no le prestes ninguna atención y, aún mejor, inserta en su lugar un nuevo comando: ¡lo que deseas! Ejercicio: identifícalo, intercepta el virus, haz doble clic y arrástralo a la papelera, vacía ésta e instala un nuevo comando o una creencia en su lugar.

18

PACIENCIA

Hay momentos donde lo mejor es no hacer nada, permanecer en silencio y tener paciencia. Se trata de ser flexible y equilibrado para entrar en contacto con nuestra conciencia. ¡Lo que tenga que ser, será!

19

CREAR DESDE EL INTERIOR HACIA EL EXTERIOR

Podemos ser los más creativos, los más ingeniosos, llenos de talento e intuición, grandes trabajadores… Pero lo más importante son nuestros pensamientos positivos. Sólo ellos determinarán el éxito.

20

EL SILENCIO ES NECESARIO

El silencio no implica la parálisis de la mente, al contrario: activa la inteligencia más profunda. Es como si tuviéramos un «server» a nuestra disposición con toda la información y sólo tuviéramos que acceder a él. Aprender a tener confianza en el silencio es fácil, porque las respuestas y los resultados son inmediatos.

21

HACER COSAS DIFERENTES PARA OBTENER RESULTADOS DIFERENTES

Si continuamos actuando igual, con las mismas costumbres, los mismos lugares, las mismas opiniones… Si queremos algo diferente tenemos que hacer algo nuevo, podemos empezar por pequeños cambios.

22

TIEMPO PARA LO QUE AMAS

Dedica tiempo a lo que te hace vibrar, a las personas que amas, se trata de vivir y compartir. El tiempo es algo muy valioso. ¡No lo malgastes! Disfrútalo haciendo lo que más te entusiasme.

23

EL PODER DE LA PALABRA

Las palabras son energía y poseen una vibración. Tenemos que estar muy atentos a las palabras que utilizamos y a las frases que repetimos. Es importante prestar atención y cambiar las palabras para obtener tus deseos.

Un buen ejemplo es el experimento del investigador japonés Masaru Emoto, en el que demuestra la influencia del poder de las palabras en las moléculas del agua.

24

AYUDA A LOS OTROS

Ayudando a las otras personas recibimos una energía invisible que nos protege y nos ayuda indirectamente. Forma parte de las reglas del Universo. Recibimos lo que damos.

25

PIDE PERDÓN

Si estás enfadado con tus padres, tu pareja, tu hermano, tu amigo, contigo mismo o simplemente con el vecino, da igual con quién o por qué lo estés, éste es el mejor momento para repetir las palabras sanadoras de la filosofía ancestral hawaiana.

Ho'oponopono: «Gracias, te amo, lo siento, por favor, perdóname». Estas palabras actúan como un CD limpiador. Sólo tenemos que repetirlas. No te preguntes por qué, sólo repite. Son palabras mágicas. Ser capaces de pedir perdón y admitir nuestros errores es una prerrogativa humana, que une a las personas, crea confianza y nos libera de energías negativas como el odio y el rencor.

26

DETERMINACIÓN

Tenemos a nuestra disposición la fuerza interior. Poseemos el poder de dar vida a nuestros sueños. ¡Hazlo y punto! Ejercicio: repite cada mañana, «Sólo por hoy voy a ser feliz». Mi maestra de Reiki, Mercedes, nos lo hizo entender durante un curso. Si cada mañana tenemos este deseo «cada día será sólo por hoy» y cuantos más días apliquemos esta orden, durante más tiempo seremos felices.

27

APRENDER POR INSPIRACIÓN O POR REPETICIÓN

Todos aprendemos por REPETICIÓN o por INSPIRACIÓN.

La repetición es la que nos enseñan desde que somos niños. La inspiración es innata y poderosa, ¡pero nadie nos invita a entrenarla!

Aquí os presento algunas herramientas que pueden ayudar:

COLORTERAPIA

Los colores son importantes, cada uno de ellos contiene una energía y una vibración diferente. ¿Crees que es por casualidad que el color verde de la naturaleza nos hace sentir tan bien? ¿O que un mar de color azul turquesa nos proporcione esa sensación de relajación? ¡Busca tu color en cada momento!

MUSICOTERAPIA

La música influye en el estado de ánimo.

Podemos utilizarla para conectarnos y cambiar nuestro estado de ánimo sintonizándonos con la alegría, por ejemplo.

PIEDRAS

Las piedras son pequeños extractos de energía de la madre Tierra. Puedes utilizarlas cotidianamente para conectarte con la energía correspondiente que quieras utilizar.

RESPIRAR

Sin respirar no viviríamos. Conectarnos con nuestra respiración no tiene que ser un acto de control, sino de observación de ésta. Venimos al mundo y empezamos a respirar, nadie nos dice cómo hacerlo. Es una información vital de nuestro «server». Así que sólo tenemos que reconectarnos con nuestro estado punto cero natural.

MEDITAR

Para mí meditar es silenciar la mente, con lo cual cualquier actividad que te lleve a estar completamente en silencio contigo mismo, como caminar o hacer deporte, puede ser un momento de inspiración. Cada uno de nosotros somos únicos y diferentes, por lo que prefiero dejar libre la acción de meditar. Que cada uno se conecte en la posición o con el ejercicio que le conduzca a ese estado.

SOÑAR Y LISTA DE SUEÑOS

Es importante tener una lista de deseos a la vista y cada día hacer algo, aunque sea dar un pequeño paso, para estar más cerca de ellos.

VARITA MÁGICA

Por último, pero no menos importante, puedes utilizar una varita como hacían los kahuna, sacerdotes y maestros de Hawái, que utilizaban este instrumento junto con la sabiduría y el poder que está dentro de uno mismo. Sin olvidarnos de todas las civilizaciones ancestrales… desde la egipcia, griega, china, maya hasta la romana… Desde el rey Arturo al rey Salomón, desde profetas como Moisés hasta Walt Disney u otros personajes de fantasía como Peter Pan, el Mago Merlín y las hadas del bosque, a los que se les atribuye el uso de una vara, de un cetro o de una varita. Todos estos personajes usaban habitualmente este instrumento y disponían de él como símbolo de poder, fuerza y magia.

La varita nos permite, como director de orquesta, tener acceso a estos poderes, a través de los cuales se manifiesta y se magnifica la propia personalidad de cada ser humano en su divinidad más elevada. El desarrollo de estas facultades transcendentes se convierte en una clave de acceso, a través de la energía racional que transforma la más alta realización con las normas de las leyes universales. La varita es la extensión de nuestra mano, el instrumento para materializar nuestros deseos.

La frase inspiradora, la que me ha acompañado durante toda mi vida:

«No desees ni hagas a los demás lo que no quieras para ti».

Y SONRÍE. Este simple acto nos ayuda a sentir de inmediato alegría. La creación de la abundancia sucede en el «modo alegría». Piensa en positivo, con actitud serena y diviértete.

Practica, practica, practica. Ríe, baila, canta, camina, ¡¡haz lo que te haga feliz!!

Frases inspiradoras

Llegados a este punto del libro, finalmente, las frases inspiradoras que algunos amigos han querido compartir con nosotros.

Querer es poder.

CARLES PUYOL

Crecer es aprender a despedirse.

RISTO MEJIDE

*Vive cada instante como si fuera
a repetirse eternamente.*

Zaratustra, profeta persa

JAVIER CÁRDENAS

Mejor pedir perdón que permiso.

MIGUEL VICENTE

Todo lo que sucede, conviene.

William Shakespeare, escritor británico

ANDREU BUENAFUENTE

Aquellos que no son prisioneros del tiempo normalmente encuentran el tiempo para vivir más.

LORENZO QUINN

Sonreír, amar y vivir.

DANI ALVES

*Lleva al límite tus posibilidades
en cualquier ámbito de la vida.
El mejor premio será
la tranquilidad impagable
de haberlo intentado.*

FERNANDO BELASTEGUÍN

Sé generoso y dalo todo hoy.
Mañana no existe.

MANEL FUENTES

¿Dónde estás? Aquí;
¿Qué hora es? Ahora;
¿Qué eres? Este momento.

Lo más difícil es ganar
después de ganar.

MARC COMA

*Por la calle del mañana se va
a la plaza del nunca.*

GISELA

En todas las actividades es saludable, de vez en cuando, poner un signo de interrogación sobre aquellas cosas que por mucho tiempo se han dado como seguras.

Bertrand Russell, escritor británico

OCTAVI PUJADES

No puedes dirigir el viento, pero sí orientar las velas de tu barco.

EVA TUREGANO

*La felicidad es un estado
que experimenta la gente libre.*

JAIME BERIESTAIN

El fracaso no existe,
es una oportunidad de mejorar.

FERRAN MARTÍNEZ

*Antes de criticar a otro, camina
un poco con sus zapatos.*

SERGI BRUGUERA

*Para que la gente te quiera,
primero tienes que querer tú
a la gente.*

JOAQUÍN PRAT

En veinte años te sentirás
más decepcionado
por las cosas que no hiciste,
que por las cosas que hiciste.
Así que leva anclas.
Parte del puerto seguro.
Atrapa los vientos en tus velas.
Explora. Sueña. Descubre.

Mark Twain, escritor estadounidense

GIANLUCA ZAMBROTTA

*Pedir perdón no es tan
complicado, dejar a un lado
el orgullo sí lo es.*

*Soy coleccionista de momentos
felices, sonrisas espontáneas
y besos robados.*

DANIEL BALLART

E a coisa mais divina, que ha no mundo, e vivir cada segundo, como nunca mais.

Cantautor Vinícius de Morais

Nadie a quien le entusiasme su trabajo debe temer nada de la vida.

Samuel Goldwyn, productor de cine

ELENA BARRAQUER

*No luches contra la oscuridad,
crea luz.*

Haim Zukerwar, maestro de Cábala

PILAR CALVO

Vive tu sueño, no sueñes tu vida.

Budha

*En esta vida puedes ser todo
lo que tú quieras.
El único impedimento
eres tú mismo.*

Groucho Marx, actor y escritor

*El árbol del fracaso se alimenta
de las raíces
de las buenas excusas.*

LUIS ÁLVAREZ

Nunca hay nada que temer.
El amor es la ausencia del temor.

RAIMON SAMSÓ

*Cada nuevo día es una
oportunidad de cambiar tu vida.*

RAÚL TAMUDO

Sonríe, es contagioso.

CRISTINA CUBERO

*Lo que una vida nos quita,
otra nos lo devuelve.
No pienses demasiado, ¡vive!*

ÁLEX RACÓ

Nunca dejes de pensar en serlo,
porque sólo así lo serás.

FRANCO PIANEGONDA

Ante la duda, acelera a fondo.

DANI CLOS

La historia admira a los sabios, pero eleva a los valientes.

Edmund Morris, escritor británico

ÁLVARO GONZÁLEZ

*No existen los límites
para el ser humano,
sólo la falta de curiosidad
y de voluntad para superarlos.*

GIORGIO PRADI

*En la vida hay que luchar
pero si sonríes todo es más fácil.*

JOAN PEDRERO

*El más gran secreto
de la felicidad es estar bien
con uno mismo.*

ANA ANGULO

Todo pasa por algo.

IRENE JUNQUERA

*La mejor manera de predecir
el futuro es inventarlo.*

Alan Kay, científico estadounidense

*Escribe tus errores en la arena,
para que las olas de tus éxitos
se encarguen de borrarlos.*

ENRIC MASIP

Haz bien y no mires a quién.

JOAN LAPORTA

Baila como si nadie te viera,
ama como si nunca
te hubieran hecho daño,
canta como si nadie te oyera,
vive como si el cielo
estuviera en la tierra.

Alfredo D'Souza, poeta

CAROL RIBERA

Vive como si fueras a morir mañana, aprende como si fueras a vivir siempre.

Ghandi

NATASHA YAROVENKO

*Toda oportunidad
tiene una dificultad,
y toda dificultad
tiene una oportunidad.*

J. Sidlow, escritor australiano

*Hacer lo que amamos nos hace
libres, amar lo que hacemos
nos hace felices.*

ARCANGELO CIANCIULLI-SESSO

Un diez por ciento
son las circunstancias
y un noventa por ciento
la actitud para afrontarlas.

JUANMA ALCARAZ

¡Simplifica! ¡Simplifica! ¡Simplifica!,
con un solo simplifica
hubiera sido suficiente.

PEDRO SÁNCHEZ

Se hace camino al andar.

Antonio Machado, poeta español

BOJAN KRKIC

*No me habéis elegido a mí,
sino que yo os he elegido
a vosotros.*

Apóstol San Juan

GIOVANNI LICASTRO

Los buenos siempre
se quejan alguna vez,
los mejores simplemente
se adaptan.

ANNA TARRÉS

Quien no arriesga, no gana.

*Cuando las cosas vayan mal,
no vayas con ellas.*

CARME BARCELÓ

Vive y deja vivir.

ELSA ANKA

Nunca hay una segunda oportunidad para causar una primera buena impresión.

Oscar Wilde, escrito irlandés

MICKAEL HURON

*No critiques, no condenes,
no te quejes.*

*Las visiones determinan
nuestro comportamiento.*

RAFAEL CAMPOS

Quiérete mucho.
Nuestra actitud ante la vida
es lo único que determina
nuestra felicidad.

Aunque nada cambie,
si yo cambio todo cambia.

NOEMÍ DE MIGUEL

A veces la gente olvida lo que les dices, pero nunca lo que les haces sentir.

JESSICA EXPÓSITO

*El único hombre
que no se equivoca
es el que nunca hace nada.*

Goethe, filósofo alemán

EMMA COSTA

Nada ocurre por casualidad.

MARTA ALGUERSUARI

*Mientras no te engañes
a ti mismo, siempre serás genial.*

MARIUS SALABERT

*Lo que no quieras para ti,
no lo hagas a los demás.*

CARLOS OLIVERAS

La peor decisión es la indecisión.

JORGE GUTIÉRREZ

*El éxito es la recompensa
de aquellos que se arriesgan
sin miedo a perder.*

THAÏS HENRÍQUEZ

La felicidad es una forma de coraje.

BRUNO DE ANGELIS

Ésta es una frase
de mi maestro kabbalah:
complacer y compartir
son dos cosas totalmente
diferentes y nosotros no siempre
sabemos ver la diferencia,
a veces compartir
es saber decir no.

YIGAL KUTNOVSKY

*Nunca es tarde
si la dicha es buena.*

ASUNCIÓN ESTEBAN

*El éxito es ir
de fracaso en fracaso
sin perder el entusiasmo.*

Winston Churchill, político británico

SANTI NOLLA

*Los sueños no desaparecen
si las personas no los abandonan.*

ALBERT VALLÉS

Todo es posible.

NATHALIE PORTA

Piensa lo bueno y se te dará.

CLAUDIA JOVÉ

No dejes que nada te desanime
porque lo que haces por amor
y con amor la vida te lo devuelve
siempre con amor.

ENRIQUE CHERUBINI

*Déjate sorprender siempre
por lo imprevisto.*

MASSIMO PICCA

*Cuando la oruga pensaba
que había llegado al final,
se convirtió en mariposa.*

XAVI VALLS

*Hay lugares y personas a los que
no hay que volver jamás.
Busca la perfección mental.*

GEMA CASTELLANO

*Siempre me ha motivado
conseguir mis objetivos,
la pasión que siento
por lo que hago o quiero.*

MARÍA VASCO

Lo mejor siempre está por llegar.

ELENA ROCA

¿Cuánto es para siempre?
A veces un solo segundo.

MARTA VILAGELIU

Nada por obligación,
todo por devoción.

MERCEDES LÓPEZ

Sé el cambio que quieras ver en los demás.

MIRIAM AGULLO

*No utilices tu tiempo
con pensamientos negativos,
pues te harás más daño a ti
que a los demás.*

*No hay mayor juez
que nuestra propia conciencia.*

LUIS MIGUEL SALA

No soy mejor que nadie,
pero sí diferente a todos.

RODRIGO MESSI

*Los conocimientos
y las habilidades suman,
la actitud multiplica.*

Víctor Küppers, escritor holandés

Ser amable es ser invencible.

RAQUEL VIZCAÍNO

*No falles en lo que
dependa de ti.*

LLUÍS CANUT

Apunta a la luna.
Incluso si fallas llegarás
a las estrellas.

Pequeños momentos
hacen grandes historias.

YOLANDA CALVO

Quien resiste, vence.
Felicidad es vivir sin miedo.

MARINA SAN MARTÍN

Contenido